Salatbogen 2023

Friske og Smagfulde Opskrifter til Enhver Anledning

Søren Fransson

Indhold

Cleopatras kyllingesalat 10

Thai-vietnamesisk salat 12

jule Cobb salat 14

Grøn kartoffelsalat 17

Brændt majssalat 20

Kål og vindruesalat 22

citrus salat 24

Frugtsalat og salat 26

Æble og salat salat 28

Bønne- og pebersalat 30

Gulerods- og daddelsalat 32

Cremet pebersalatdressing 33

hawaiisk salat 35

Brændt majssalat 37

Kål og vindruesalat 39

citrus salat 41

Frugtsalat og salat 43

Kylling karry salat 45

Jordbærspinatsalat 47

Sød kålsalat i restauranten 49

Klassisk makaroni salat 51

Pæresalat med Roquefort ost 53

Barbies tun salat 55

Ferie kylling salat 57

mexicansk bønnesalat 59

Bacon Ranch Pasta Salat 61

Rødskallet kartoffelsalat 63

Sorte bønner og couscous salat 65

Græsk kyllingesalat 67

Fin kyllingesalat 69

Frugtig kylling karry salat 71

Vidunderlig kylling karry salat 73

Krydret gulerodssalat 75

Asiatisk æblesalat 77

Squash og orzo salat 79

Brøndkarse salat med frugt 81

Cesar salat 83

Mango kyllingesalat 85

Appelsinsalat med mozzarella 87

Tre bønnesalat 89

Miso tofu salat 91

Japansk radise salat 93

Southwest Cobb 95

Caprese Pasta 97

Salat med røget ørred 99

salat med bønneæg 101

Ambros salat 102

Kvartal salat 104

Spansk chilisalat 106

mimosasalat 108

Klassisk Waldorf 110

Sortøjet ærtesalat 112

Spinat og brombærsalat 114

Grøntsagssalat med schweizerost 116

Lækker gulerodssalat 118

Marineret grøntsagssalat 120

Ristet farvet majssalat 122

Cremet agurk 124

Marineret champignon- og tomatsalat 126

Bønnesalat 128

Hvidløgsroesalat 130

Syltede majs 131

Ærtesalat 133

majroe salat 135

Æble og avocado salat 137

Majssalat, bønner, løg 139

Italiensk grøntsagssalat 141

Fisk og skaldyr pasta salat 143

Grillet grøntsagssalat 145

Lækker sommermajssalat 147

Salat af sprøde ærter med karamel 149

Magisk salat med sorte bønner 151

Lækker græsk salat 153

Fantastisk thailandsk agurkesalat 155

Proteinrig basilikum tomatsalat 157

Hurtig agurke avocado salat 159

Orzo og mundrette tomatsalat med fetaost 161

Engelsk agurk- og tomatsalat 163

Bedstemors aubergine salat 165

Gulerod, bacon og broccolisalat 167

Agurk og tomatsalat med creme fraiche 169

Tomat tortellini salat 171

Broccoli og bacon i mayonnaise vinaigrette 174

Kyllingesalat med agurkecreme 176

Grøntsager med peberrodsvinaigrette 178

Søde ærter og pastasalat 180

Farverig pebersalat 182

Kyllingesalat, tørrede tomater og pinjekerner med ost 184

Mozzarella og tomatsalat 186

Krydret zucchinisalat 188

Tomat og asparges salat 190

Agurkesalat med mynte, løg og tomater 192

Adas Salatas 194

Ajvar 196

Bakdoonsiyyeh 198

Årsag Rellena 199

Curtido 201

Gado Gado 203

Hobak Namul 205

Horiatiki Salata 207

Kartoffelsalat 209

Kvashenaya Kapusta Provansal 211

Waldorf kyllingesalat 212

Linsesalat med oliven, fremragende og feta 214

Thai grillet oksekød salat 216

Amerikansk salat 218

Cleopatras kyllingesalat

ingredienser

1½ kyllingebryst

2 spsk. ekstra jomfru oliven olie

1/4 tsk. knuste røde boostflager

4 knuste fed hvidløg

1/2 kop tør hvidvin

1/2 appelsin, presset

En håndfuld skåret fladbladet persille

Groft natrium og sort peber

Metode

Opvarm en stor nonstick-pakke på komfuret. Tilsæt ekstra jomfru olivenolie og varm op. Tilsæt knust boost, knuste hvidløgsfed og kyllingebryst. Svits kyllingebryster, indtil de er gennembrune på alle sider, cirka 5-6 minutter. Lad væsken koge og fileterne koge i cirka 3-4 minutter mere, og tag derefter gryden af varmen. Pres friskpresset limesaft over fjerkræet og server med boostet persille og salt efter smag. Server straks.

God fornøjelse!

Thai-vietnamesisk salat

ingredienser

3 latinske salater, hakket

2 kopper friske grøntsagsfrøplanter, enhver sort

1 kop perfekt skåret daikon eller røde radiser

2 kopper ærter

8 grønne løg, skåret diagonalt

½ agurk uden kerner, skåret i 1/2 skiver på langs

1 pint gule eller røde druetomater

1 rødløg i kvarte og meget perfekt skåret i skiver

1 udvalg af fremragende resultater frisk, trimmet

1 udvalg af friske basilikumresultater, trimmet

2 x 2-ounce pakker med snittede nødder, fundet i bagegangen

8 stykker mandel toast eller anis toast, skåret i 1-tommer stykker

1/4 kop tamari mørk sojasovs

2 spsk. vegetabilsk olie

4 til 8 tynde koteletter af kylling afhængig af størrelse

Salt og frisk sort peber fra jorden

1 pund mahi mahi

1 moden lime

Metode

Bland alle ingredienser i en stor skål og server afkølet.

God fornøjelse!

jule Cobb salat

ingredienser

Non-Stick Food Prep Spray

2 spsk. valnøddesirup

2 spsk. brunt sukker

2 spsk. Cider

1 lb skinkemel, helt klar, store terninger

½ lb butterfly kerner, kogte

3 spsk. smukke skiver pickles

Bibb salat

½ kop hakket rødløg

1 kop fint hakket gouda ost

3 spsk. hakkede friske persilleblade

Vinaigrette, formlen følger

Marinerede økologiske bønner:

1 lb ærter, krymp, skåret i tredjedele

1 C. hakket hvidløg

1 C. røde flager

2 spsk. ekstra jomfru oliven olie

1 C. Hvid eddike

Knivspids salt

Sort peber

Metode

Forvarm komfuret til 350 grader F. Påfør nonstick madlavningsspray på bageformen. I et mellemstort fad kombineres valnøddesirup, brunlig glukose og æblecider. Tilsæt skinken og bland godt. Læg skinkeblandingen på bageformen og bag den, indtil den er gennemvarmet og skinken er brunet, cirka 20 til 25 minutter. Tag ud af ovnen og stil til side.

Tilføj korn, pickles og persille til fadet med dressing og vend til belægning.

Beklæd et stort serveringsfad med Bibb-salat og tilsæt kornet. Arranger rødløg, Gouda, syltede ærter og klar skinke i rækker ovenpå kornet. Tjene.

God fornøjelse!

Grøn kartoffelsalat

ingredienser

7 til 8 grønne løg, renset, tørret og skåret i stykker, grønne og hvide dele

1 lille udvalg purløg, skåret i skiver

1 C. Kosher salt

Friskkværnet hvid peber

2 spsk. vandet

8 spsk. ekstra jomfru oliven olie

2 kropsvægt rød bliss selleri, vasket

3 laurbærblade

6 spsk. sort eddike

2 skalotteløg, pillede, delt i kvarte på langs, i tynde skiver

2 spsk. cremet dijonsennep

1 spsk. kapers i skiver

1 C. kapers væske

1 lille bundt estragon, hakket

Metode

I en blender blendes skalotteløg og purløg. Smag til med salt efter smag. Tilsæt vand og bland. Hæld 5 spsk. ekstra jomfru olivenolie gennem toppen af blenderen i en langsomt og blend indtil glat. Bring sellerien i kog i en gryde med vand og skru ned for varmen. Smag vandet til med et strejf af salt og tilsæt laurbærbladene. Svits sellerien, indtil den er mør, når den er gennemboret med spidsen af et blad, cirka 20 minutter.

Kombiner sort eddike, skalotteløg, sennep, kapers og estragon i et fad, der er stort nok til at rumme sellerien. Rør den resterende ekstra jomfru olivenolie i. Dræn sellerien og kassér laurbærbladene.

Læg sellerien i fadet og mos den forsigtigt med tænderne fra en gaffel. Krydr forsigtigt med boost og natrium og bland godt. Afslut med at tilsætte blandingen af grønne løg og ekstra jomfru olivenolie. Bland godt. Holdes varm ved 70 grader indtil servering.

God fornøjelse!

Brændt majssalat

ingredienser

3 ører sukkermajs

1/2 kop hakkede løg

1/2 kop skåret peberfrugt

1/2 kop skivede tomater

Salt, efter smag

Til vinaigretten

2 spsk. Olivenolie

2 spsk. Citronsaft

2 spsk. chili pulver

Metode

Majskolber skal ristes ved middel varme, indtil de er let forkullet. Efter ristningen skal kernerne fra majskolberne fjernes med en kniv. Tag nu en skål og bland korn, hakkede løg, peberfrugt og tomater med salt, og hold derefter skålen til side. Forbered nu dressingen til salaten ved at blande olivenolie, citronsaft og chilipulver, og stil den derefter på køl. Inden servering hældes vinaigretten over salaten og serveres.

God fornøjelse!

Kål og vindruesalat

ingredienser

2 kål, strimlet

2 kopper halverede grønne druer

1/2 kop finthakket koriander

2 grønne chili, hakket

Olivenolie

2 spsk. Citronsaft

2 spsk. Glasursukker

Salt og peber efter smag

Metode

For at forberede dressingen skal du tage olivenolie, citronsaft med sukker, salt og peber i en skål og blande dem godt og derefter sætte det på køl. Tag nu resten af ingredienserne i en anden skål, bland godt og hold det til side.

Inden salaten serveres tilsættes den afkølede dressing og røres forsigtigt rundt.

God fornøjelse!

citrus salat

ingredienser

1 kop fuldkornspasta, kogt

1/2 kop skåret peberfrugt

1/2 kop gulerødder, blancheret og hakket

1 grønt løg, hakket

1/2 kop appelsiner, skåret i tern

1/2 kop søde limebåde

1 kop bønnespirer

1 kop ostemasse, lavt fedtindhold

2-3 spsk. mynte blade

1 C. Sennepspulver

2 spsk. Melis

Salt, efter smag

Metode

For at forberede vinaigretten, tilsæt ostemassen, myntebladene, sennepspulveret, sukker og salt i en skål og bland godt, indtil sukkeret er opløst. Kom resten af ingredienserne i en anden skål, og stil derefter til side til hvile. Før servering tilsættes dressingen til salaten og serveres afkølet.

God fornøjelse!

Frugtsalat og salat

ingredienser

2-3 salatblade, revet i stykker

1 papaya, hakket

½ kop druer

2 appelsiner

½ kop jordbær

1 vandmelon

2 spsk. Citronsaft

1 spsk. Min kære

1 C. Rød peber flager

Metode

Tag citronsaft, honning og chiliflager i en skål og bland dem godt og sæt dem til side. Tag nu resten af ingredienserne i en anden skål og bland dem godt. Før servering tilsættes dressingen til salaten og serveres med det samme.

God fornøjelse!

Æble og salat salat

ingredienser

1/2 kop moset moskusmelon

1 C. Spidskommen, ristede

1 C. Koriander

Salt og peber efter smag

2-3 salat, revet i stykker

1 kål, revet

1 gulerod, revet

1 peberfrugt, skåret i tern

2 spsk. Citronsaft

½ kop vindruer, hakket

2 æbler, hakkede

2 grønne løg, hakket

Metode

Tag spirer, salat, strimlede gulerødder og paprika i en gryde og dæk med koldt vand og bring det i kog og kog til det er sprødt, det kan tage op til 30 minutter væk. Dræn dem nu og bind dem i et klæde og stil dem på køl. Nu skal æblerne tages med citronsaft i en skål og stilles på køl. Tag nu resten af ingredienserne i en skål og bland dem ordentligt. Server salaten med det samme.

God fornøjelse!

Bønne- og pebersalat

ingredienser

1 kop røde kidneybønner, kogte

1 kop kikærter, udblødt og kogt

Olivenolie

2 løg, hakket

1 C. Koriander, hakket

1 peberfrugt

2 spsk. Citronsaft

1 C. chili pulver

Salt

Metode

Peberfrugterne skal gennembores med en gaffel og derefter pensles med olie og derefter ristes ved svag varme. Læg nu peberfrugterne i blød i koldt vand, fjern så det brændte skind og skær dem derefter i skiver. Bland resten af ingredienserne med peberfrugten og bland godt. Lad den køle af i en time eller mere inden servering.

God fornøjelse!!

Gulerods- og daddelsalat

ingredienser

1 ½ dl gulerødder, revet

1 hoved salat

2 spsk. mandler, ristede og hakkede

Honning og citron vinaigrette

Metode

Tag de revne gulerødder i en gryde med koldt vand og hold dem i cirka 10 minutter, og dræn dem derefter. Nu skal det samme gentages med salathovedet. Tag nu gulerødder og salat med øvrige ingredienser i en skål og stil dem på køl inden servering. Server salaten, drys med ristede og hakkede mandler.

God fornøjelse!!

Cremet pebersalatdressing

ingredienser

2 kopper mayonnaise

1/2 kop mælk

Vandet

2 spsk. Cider eddike

2 spsk. Citronsaft

2 spsk. parmesan ost

Salt

Et skvæt varm pebersauce

Et skvæt Worcestershire sauce

Metode

Tag en stor skål, saml alle ingredienserne i den og bland dem godt, så der ikke findes klumper. Når blandingen når den ønskede cremede konsistens, hældes den i din friske frugt- og grøntsagssalat, så er salaten med dressing klar til servering. Denne cremede og syrlige peberdressing passer ikke kun godt til salater, men kan også serveres til kylling, burgere og sandwich.

God fornøjelse!

hawaiisk salat

ingredienser

Til appelsinvinaigretten

En spiseske. majsmel

Om en kop appelsinsquash

1/2 kop appelsinjuice

Kanelpulver

Til salaten

5-6 salatblade

1 ananas i tern

2 bananer, skåret i stykker

1 agurk, i tern

2 tomater

2 appelsiner, skåret i tern

4 sorte dadler

Salt, efter smag

Metode

For at forberede dressingen, tag en skål og bland majsstivelsen i appelsinjuicen, tilsæt derefter appelsinsquashen til skålen og kog indtil konsistensen af dressingen tykner. Dernæst skal kanelpulver og chilipulver tilsættes skålen og derefter stilles på køl i et par timer. Forbered derefter salaten, tag salatbladene i en skål og dæk den med vand i cirka 15 minutter.

Nu skal de snittede tomater i en skål med ananasstykkerne, æble, banan, agurk og appelsinbåde med salt efter smag og bland dem godt. Tilføj det nu til salatbladene, og hæld derefter den afkølede dressing over salaten inden servering.

God fornøjelse!!

Brændt majssalat

ingredienser

En pakke sukkermajskolber

1/2 kop hakkede løg

1/2 kop skåret peberfrugt

1/2 kop skivede tomater

Salt, efter smag

Til vinaigretten

Olivenolie

Citronsaft

chili pulver

Metode

Majskolber skal steges ved middel varme, indtil de er let forkullet, efter ristning skal kernerne fra majskolberne fjernes med en kniv. Tag nu en skål og bland korn, hakkede løg, peberfrugt og tomater med salt, og hold derefter skålen til side. Forbered nu dressingen til salaten ved at blande olivenolie, citronsaft og chilipulver, og stil den derefter på køl. Inden servering hældes vinaigretten over salaten og serveres.

God fornøjelse!

Kål og vindruesalat

ingredienser

1 kålhoved, revet

Cirka 2 kopper grønne druer, halveret

1/2 kop finthakket koriander

3 grønne chilier, hakket

Olivenolie

Citronsaft, efter smag

Flormelis, efter smag

Salt og peber efter smag

Metode

For at forberede dressingen skal du tage olivenolie, citronsaft med sukker, salt og peber i en skål og blande dem godt og derefter sætte det på køl. Tag nu resten af ingredienserne i en anden skål og hold det til side. Inden salaten serveres tilsættes den afkølede dressing og røres forsigtigt rundt.

God fornøjelse!!

citrus salat

ingredienser

Omkring en kop fuldkornspasta, kogt

1/2 kop skåret peberfrugt

1/2 kop gulerødder, blancheret og hakket

Forårsløg. Strimlet

1/2 kop appelsiner, skåret i tern

1/2 kop søde limebåde

En kop bønnespirer

Om en kop ostemasse, lavt fedtindhold

2-3 spsk. mynte blade

Sennepspulver efter smag

Pulveriseret sukker efter smag

Salt

Metode

For at forberede vinaigretten, tilsæt ostemassen, mynteblade, sennepspulver, sukker og salt i en skål og bland godt. Bland nu resten af ingredienserne sammen i en anden skål, og stil derefter til side til hvile. Før servering tilsættes dressingen til salaten og serveres afkølet.

God fornøjelse!!

Frugtsalat og salat

ingredienser

4 salatblade, revet i stykker

1 papaya, hakket

1 kop druer

2 appelsiner

1 kop jordbær

1 vandmelon

½ kop citronsaft

1 C. Min kære

1 C. Rød peber flager

Metode

Tag citronsaft, honning og chiliflager i en skål og bland dem godt og sæt dem til side. Tag nu resten af ingredienserne i en anden skål og bland dem godt. Før servering tilsættes vinaigretten til salaten.

God fornøjelse!

Kylling karry salat

ingredienser

2 udbenet, skindfri kyllingebryst, kogt og halveret

3 - 4 selleristængler, hakket

1/2 kop mayonnaise, lavt fedtindhold

2-3 spsk. karry pulver

Metode

Tag de kogte udbenede skindfri kyllingebryst med de resterende ingredienser, selleri, fedtfattig mayonnaise, karrypulver i mellemstore skåle og bland godt. Så denne lækre og nemme opskrift er klar til servering.

Denne salat kan bruges som sandwichfyld med salat på brød.

God fornøjelse!!

Jordbærspinatsalat

ingredienser

2 spsk. sesamfrø

2 spsk. birkes

2 spsk. hvidt sukker

Olivenolie

2 spsk. Paprika

2 spsk. Hvid eddike

2 spsk. Worcestershire sauce

Hakket løg

Spinat, skyllet og revet i stykker

En liter jordbær, skåret i stykker

Mindre end en kop mandler, forsølvet og blancheret

Metode

Tag en mellemstor skål; bland valmuefrø, sesamfrø, sukker, olivenolie, eddike og paprika med Worcestershire sauce og løg. Bland dem ordentligt og dæk det til, og frys det derefter i mindst en time. Tag en anden skål og bland spinat, jordbær og mandler sammen, hæld derefter urteblandingen heri, og stil derefter salaten på køl inden servering i mindst 15 minutter.

God fornøjelse!

Sød kålsalat i restauranten

ingredienser

En 16-ounce pose coleslawblanding

1 løg, i tern

Mindre end en kop cremet dressing

Vegetabilsk olie

1/2 kop hvidt sukker

Salt

birkes

Hvid eddike

Metode

Tag en stor skål; bland coleslaw mix og løg sammen. Tag nu en anden skål og bland dressingen, vegetabilsk olie, eddike, sukker, salt og valmuefrø sammen. Efter at have blandet dem godt, tilsæt blandingen til coleslawblandingen og overtræk godt. Inden du serverer den lækre salat, skal du stille den på køl i mindst en time eller to.

God fornøjelse!

Klassisk makaroni salat

ingredienser

4 kopper albuemakaroni, ukogte

1 kop mayonnaise

Mindre end en kop destilleret hvid eddike

1 kop hvidt sukker

1 C. gul sennep

Salt

Sort peber, stødt

Et stort løg, finthakket

Omkring en kop revne gulerødder

2-3 stilke selleri

2 chilipeber, hakket

Metode

Tag en stor gryde og tag lidt saltet vand i den og bring den i kog, tilsæt makaronien og kog den og lad den køle af i cirka 10 minutter, og dræn den derefter. Tag nu en stor skål og tilsæt eddike, mayonnaise, sukker, eddike, sennep, salt og peber og bland godt. Når det er godt blandet, tilsæt selleri, grønne peberfrugter, chili, gulerødder og makaroni og bland godt igen. Når alle ingredienserne er godt blandet, så lad det stå i køleskabet i mindst 4-5 timer, inden du serverer den lækre salat.

God fornøjelse!

Pæresalat med Roquefort ost

ingredienser

Salat, revet i stykker

Ca 3-4 pærer, skrællet og hakket

En æske revet eller smuldret Roquefort ost

Grønne løg, skåret i skiver

Omkring en kop hvidt sukker

1/2 dåse pekannødder

Olivenolie

2 spsk. Rødvinseddike

Sennep, efter smag

Et fed hvidløg

Salt og sort peber efter smag

Metode

Tag en gryde og opvarm olien over middel varme, bland derefter sukkeret med pekannødderne deri og bliv ved med at røre indtil sukkeret er smeltet og pekannødderne er karamelliserede, lad dem derefter køle af . Tag nu en anden skål og tilsæt olie, eddike, sukker, sennep, hvidløg, salt og sort peber og bland godt. Kombiner nu salat, pærer og blåskimmelost, avocado og grønne løg i en skål, tilsæt derefter dressingblandingen, drys derefter med karamelliserede pekannødder og server.

God fornøjelse!!

Barbies tun salat

ingredienser

En dåse albacore tun

½ kop mayonnaise

En spiseske. ost i parmesan-stil

Sød pickle efter smag

Løgflager, efter smag

Karrypulver, efter smag

Tørret persille efter smag

Tørret dild efter smag

Hvidløgspulver, efter smag

Metode

Tag en skål og tilsæt alle ingredienserne til den og bland godt. Lad dem køle af i en time inden servering.

God fornøjelse!!

Ferie kylling salat

ingredienser

1 pund kyllingekød, kogt

En kop mayonnaise

A C. paprika

Omkring to kopper tørrede tranebær

2 grønne løg, finthakket

2 grønne peberfrugter, hakket

1 kop pekannødder, hakkede

Salt og sort peber efter smag

Metode

Tag en mellemstor skål, bland mayonnaise, paprika og smag til og tilsæt salt om nødvendigt. Tag nu tranebær, selleri, peberfrugt, løg og valnødder og bland dem godt. Nu skal den kogte kylling tilsættes og bland dem så godt igen. Krydr dem efter smag, og tilsæt om nødvendigt kværnet sort peber. Inden servering, lad afkøle i mindst en time.

God fornøjelse!!

mexicansk bønnesalat

ingredienser

En dåse sorte bønner

En dåse røde bønner

En dåse cannellini bønner

2 grønne peberfrugter, hakket

2 røde peberfrugter

En pakke frosne majskerner

1 rødløg, finthakket

Olivenolie

1 spsk. Rødvinseddike

½ kop citronsaft

Salt

1 hvidløg, moset

1 spsk. Koriander

1 C. Spidskommen, malet

Sort peber

1 C. Pebersauce

1 C. chili pulver

Metode

Tag en skål og bland bønner, peberfrugt, frosne majs og rødløg sammen. Tag nu en anden lille skål, bland olie, rødvinseddike, citronsaft, koriander, spidskommen, sort peber, smag derefter til og tilsæt den varme sauce med pulveret af chili. Hæld dressingblandingen i og bland godt. Inden servering, lad dem køle af i cirka en time eller to.

God fornøjelse!!

Bacon Ranch Pasta Salat

ingredienser

En æske ukogt tricolor rotini pasta

9-10 skiver bacon

En kop mayonnaise

Dressing blanding

1 C. hvidløgs pulver

1 C. Hvidløg peber

1/2 kop mælk

1 tomat, hakket

En dåse sorte oliven

En kop cheddarost, revet

Metode

Kom saltet vand i en gryde og bring det i kog. Kog pastaen i den, indtil den er blød i cirka 8 minutter. Tag nu en gryde og varm olien op i en gryde og kog baconstykkerne i den. Når det er kogt, drænes og hakkes. Tag en anden skål og tilsæt resten af ingredienserne til den, og tilsæt den derefter med pasta og bacon. Server når det er godt blandet.

God fornøjelse!!

Rødskallet kartoffelsalat

ingredienser

4 nye røde kartofler, renset og vasket

2 æg

Et pund bacon

Løg, finthakket

En stilk selleri, hakket

Cirka 2 kopper mayonnaise

Salt og peber efter smag

Metode

Kom saltet vand i en gryde og bring det i kog, og kom derefter de nye kartofler i gryden og kog i cirka 15 minutter, indtil de er møre. Dræn derefter kartoflerne og lad dem køle af. Tag nu æggene i en gryde og dæk dem med koldt vand, bring så vandet i kog, tag så gryden af varmen og stil den til side. Kog nu baconstykkerne, dræn dem og stil dem til side. Tilsæt nu og ingredienser med kartofler og bacon og bland godt. Afkøl det og server.

God fornøjelse!!

Sorte bønner og couscous salat

ingredienser

En kop couscous, ukogt

Omkring to kopper hønsebouillon

Olivenolie

2-3 spsk. Limesaft

2-3 spsk. Rødvinseddike

Spidskommen

2 grønne løg, hakket

1 rød peberfrugt, hakket

Koriander, friskhakket

En kop frosne majskerner

To dåser sorte bønner

Salt og peber efter smag

Metode

Kog hønsebouillonen, rør derefter couscousen, og kog den, så den dækker gryden, og stil den til side. Bland nu olivenolie, limesaft, eddike og spidskommen og tilsæt derefter løg, peber, koriander, majs, bønner og frakke. Bland nu alle ingredienserne sammen, og lad det derefter køle af i et par timer inden servering.

God fornøjelse!!

Græsk kyllingesalat

ingredienser

2 kopper kyllingekød, kogt

1/2 kop gulerødder, skåret i skiver

1/2 kop agurk

Omkring en kop sorte oliven, hakket

Omkring en kop fetaost, revet eller smuldret

Italiensk dressing

Metode

Tag en stor skål, tag den kogte kylling, gulerødder, agurk, oliven og ost og bland dem godt. Tilsæt nu dressingblandingen og bland godt igen. Stil nu skålen på køl, dæk den. Serveres afkølet.

God fornøjelse!!

Fin kyllingesalat

ingredienser

½ kop mayonnaise

2 spsk. Cider eddike

1 hvidløg, hakket

1 C. Frisk dild, finthakket

Et pund kogte skindfri, udbenet kyllingebryst

½ kop fetaost, revet

1 rød peberfrugt

Metode

Mayonnaise, eddike, hvidløg og dild skal blandes godt og skal stå på køl i mindst 6-7 timer eller natten over. Nu skal kyllingen, peberfrugten og osten smides med det og så stå på køl i et par timer og derefter servere den sunde og lækre salatopskrift.

God fornøjelse!!

Frugtig kylling karry salat

ingredienser

4-5 kyllingebryst, kogte

En stilk selleri, hakket

Grønne løg

Om en kop gyldne rosiner

Æble, skrællet og skåret i skiver

Pekannødder, ristede

Grønne druer, frøet og halveret

karry pulver

En kop fedtfattig mayonnaise

Metode

Tag en stor skål og tag alle ingredienser som selleri, løg, rosiner, æbler i skiver, ristede pekannødder, grønne druer uden kerner med karry og mayonnaise og bland dem godt. Når de er godt blandet med hinanden, lad dem hvile et par minutter, og server derefter den lækre og sunde kyllingesalat.

God fornøjelse!!

Vidunderlig kylling karry salat

ingredienser

Cirka 4-5 skindfri, udbenet kyllingebryst, halveret

En kop mayonnaise

Om en kop chutney

A C. karry pulver

Om en c. peber

Pekannødder, ca. en kop, hakkede

1 kop druer, udsået og halveret

1/2 kop løg, finthakket

Metode

Tag en stor gryde, kog kyllingebrystene i den i ca. 10 minutter og riv dem i stykker, når de er kogte, med en gaffel. Dræn dem derefter og lad dem køle af. Tag nu en anden skål og tilsæt mayonnaise, chutney, karry og peber og bland så sammen. Smid derefter de kogte og iturevne kyllingebryst i blandingen, og hæld derefter pekannødder, karry og peber. Inden servering stilles salaten på køl i et par timer. Denne salat er et ideelt valg til burgere og sandwich.

God fornøjelse!

Krydret gulerodssalat

ingredienser

2 gulerødder, hakket

1 hvidløg, hakket

Cirka en kop vand2-3 spsk. Citronsaft

Olivenolie

Salt, efter smag

Peber efter smag

røde peberflager

Persille, frisk og hakket

Metode

Sæt gulerødderne i mikroovnen og kog dem et par minutter med hakket hvidløg og vandet. Tag den ud af mikroovnen, når guleroden er kogt og blød. Dræn derefter gulerødderne og stil dem til side. Nu skal citronsaft, olivenolie, peberflager, salt og persille tilsættes i skålen med gulerødder og blandes godt. Lad stå på køl et par timer og den lækre krydrede salat er klar til servering.

God fornøjelse!!

Asiatisk æblesalat

ingredienser

2-3 spsk. Riseddike 2-3 spsk. Limesaft

Salt, efter smag

Sukker

1 C. fiskesovs

1 jicama julienned

1 æble, hakket

2 grønne løg, finthakket

mynte

Metode

Riseddike, salt, sukker, limesaft og fiskesauce skal blandes godt i en mellemstor skål. Når det er godt blandet, skal de juliennedede jicamas blandes med de hakkede æbler i skålen og blandes godt. Derefter skal skalotteløg og mynte tilsættes og blandes. Inden du serverer salaten sammen med din sandwich eller burger, skal du lade den køle lidt af.

God fornøjelse!!

Squash og orzo salat

ingredienser

1 zucchini

2 grønne løg, hakket

1 gul squash

Olivenolie

En æske kogt orzo

dild

Persille

½ kop gedeost, revet

Peber og salt efter smag

Metode

Zucchini, hakkede grønne løg med gul squash skal sauteres i olivenolie ved middel varme. Disse skal koges i et par minutter, indtil de er bløde. Overfør dem nu til en skål og hæld den kogte orzo i skålen sammen med persille, revet gedeost, dild, salt og peber, og slyng derefter igen. Inden retten serveres, lad salaten køle af i et par timer.

God fornøjelse!!

Brøndkarse salat med frugt

ingredienser

1 vandmelon, i tern

2 ferskner i kvarte

1 bundt brøndkarse

Olivenolie

½ kop citronsaft

Salt, efter smag

Peber efter smag

Metode

Vandmelonterningerne og ferskenbådene skal smides med brøndkarsen i en mellemstor skål, og derefter drysses olivenolie ovenpå med limesaften.

Krydr dem derefter efter smag og tilsæt eventuelt salt og peber efter smag.

Når alle ingredienserne er let og ordentligt blandet, så gem det til side eller det kan også opbevares i køleskabet et par timer, så er den lækre sundt smagende frugtsalat klar til at blive serveret.

God fornøjelse!!

Cesar salat

ingredienser

3 fed hvidløg, hakket

3 ansjoser

½ kop citronsaft

1 C. Worcestershire sauce

Olivenolie

En æggeblomme

1 romersk hoved

½ kop parmesanost, revet

Croutoner

Metode

Hakket hvidløgsfed med ansjoser og citronsaft skal moses, derefter skal Worcestershire sauce tilsættes sammen med salt, peber og blomme, derefter blendes igen, indtil glat. Denne blanding skal laves ved hjælp af en røremaskine på en langsom indstilling, nu skal olivenolien tilsættes langsomt og gradvist med, så skal romainen smides i den. Derefter skal blandingen stå til side i noget tid. Server salaten med et pynt af parmesanost og croutoner.

God fornøjelse!!

Mango kyllingesalat

ingredienser

2 kyllingebryst, udbenet, skåret i stykker

Grøn mesclun

2 mango i tern

¼ kop citronsaft

1 C. Ingefær, revet

2 spsk. Min kære

Olivenolie

Metode

Citronsaft og honning skal piskes i en skål, og tilsæt derefter revet ingefær og olivenolie. Efter at have blandet ingredienserne godt i skålen, skal du holde det til side. Derefter skal kyllingen grilles, derefter stå til afkøling, og efter afkøling river den kyllingen i brugervenlige tern. Tag derefter kyllingen op af skålen og bland den godt sammen med grønt og mango. Efter at have blandet alle ingredienserne godt, skal du stille det til side til afkøling og derefter servere den lækre og interessante salat.

God fornøjelse!!

Appelsinsalat med mozzarella

ingredienser

2-3 appelsiner, skåret i skiver

Mozzarella

Friske basilikumblade, revet i stykker

Olivenolie

Salt, efter smag

Peber efter smag

Metode

Mozzarellaen og appelsinskiverne skal blandes med de revne friske basilikumblade. Efter at have blandet dem godt, drys olivenolie over blandingen og smag til. Tilsæt derefter eventuelt salt og peber efter smag. Inden salaten serveres, skal du lade den køle et par timer, da det vil give salaten den rigtige smag.

God fornøjelse!!

Tre bønnesalat

ingredienser

1/2 kop cidereddike

Omkring en kop sukker

En kop vegetabilsk olie

Salt, efter smag

½ kop grønne bønner

½ kop voksbønner

½ kop røde kidneybønner

2 rødløg, finthakket

Salt og peber efter smag

persilleblade

Metode

Æblecidereddike med vegetabilsk olie, sukker og salt skal tages i en gryde og bringes i kog, og tilsæt derefter bønnerne med de skivede rødløg og mariner dem i mindst en time. Efter en time, smag til med salt, tilsæt eventuelt salt og peber, og server derefter med frisk persille.

God fornøjelse!!

Miso tofu salat

ingredienser

1 C. Ingefær, finthakket

3-4 spsk. miso

Vandet

1 spsk. risvinseddike

1 C. Soya-sovs

1 C. Chilipasta

1/2 kop jordnøddeolie

1 babyspinat, hakket

½ kop tofu, skåret i stykker

Metode

Hakket ingefær skal pureres med miso, vand, risvinseddike, sojasauce og chilipasta. Derefter skal denne blanding blandes med en halv kop jordnøddeolie. Når de er godt blandet tilsættes tofuen i tern og den hakkede spinat. Afkøl og server.

God fornøjelse!!

Japansk radise salat

ingredienser

1 vandmelon, skåret i skiver

1 radise, skåret i skiver

1 skalotteløg

1 flok unge skud

Mirin

1 C. risvinseddike

1 C. Soya-sovs

1 C. Ingefær, revet

Salt

sesamolie

Vegetabilsk olie

Metode

Tag vandmelon, radise med spidskål og grønt i en skål og hold dem til side. Tag nu en anden skål, tilsæt mirin, eddike, salt, revet ingefær, sojasovs med sesamolie og vegetabilsk olie og bland det godt. Når ingredienserne i skålen er blandet godt, fordeles denne blanding over skålen med vandmeloner og radiser. Således er den interessante, men meget lækre salat klar til at blive serveret.

God fornøjelse!!

Southwest Cobb

ingredienser

1 kop mayonnaise

1 kop kærnemælk

1 C. Varm Worcestershire sauce

1 C. Koriander

3 grønne løg

1 spsk. Appelsinskal

1 hvidløg, hakket

1 romersk hoved

1 avocado i tern

jicama

½ kop skarp ost, revet eller smuldret

2 appelsiner, skåret i tern

Salt, efter smag

Metode

Mayonnaise og kærnemælk bør pureres med varm Worcestershire sauce, grønne løg, appelsinskal, koriander, hakket hvidløg og salt. Tag nu en anden skål og bland romaine, avocadoer og jicamas med appelsiner og revet ost. Hæld nu kærnemælkspuréen over skålen med appelsiner og hold den til side, inden servering, så den korrekte smag af salaten opnås.

God fornøjelse!!

Caprese Pasta

ingredienser

1 pakke fusilli

1 kop mozzarella i tern

2 tomater, udsået og hakket

Friske basilikumblade

¼ kop pinjekerner, ristede

1 hvidløg, hakket

Salt og peber efter smag

Metode

Fusillien skal koges efter anvisningen og stilles derefter til side i køleskabet. Når det er afkølet, blandes det med mozzarella, tomater, ristede pinjekerner, hakket hvidløg og basilikumblade og smages til, og tilsæt eventuelt salt og peber efter smag. Stil al salatblandingen til side for at køle af, og server den derefter sammen med dine sandwich eller burgere eller et af dine måltider.

God fornøjelse!!

Salat med røget ørred

ingredienser

2 spsk. Cider eddike

Olivenolie

2 skalotteløg, hakket

1 C. Peberrod

1 C. Dijon sennep

1 C. Min kære

Salt og peber efter smag

1 dåse røget ørred, smuldret

2 æbler, skåret i skiver

2 rødbeder, skåret i skiver

Raket

Metode

Tag en stor skål og smid den smuldrede røgede ørred med julienner af æbler, rødbeder og rucola, og stil derefter skålen til side. Tag nu en anden skål og bland cidereddike, olivenolie, peberrod, hakket skalotteløg, honning og dijonsennep sammen, krydr derefter blandingen efter smag og tilsæt eventuelt salt og peber efter din smag. Tag nu denne blanding og hæld den over skålen med julienerede æbler og bland godt og server derefter salaten.

God fornøjelse!!

salat med bønneæg

ingredienser

1 kop grønne bønner, blancherede

2 radiser, skåret i skiver

2 æg

Olivenolie

Salt og peber efter smag

Metode

Æg skal først koges og derefter blandes med blancherede grønne bønner, skiver radiser. Bland dem godt, og drys dem derefter med olivenolie og tilsæt salt og peber efter din smag. Når alle ingredienserne er godt blandet, skal du holde dem til side og lade dem køle af. Når blandingen er afkølet, er salaten klar til servering.

God fornøjelse!!

Ambros salat

ingredienser

1 kop kokosmælk

2-3 skiver appelsinskal

Et par dråber vaniljeessens

1 kop druer, skåret i skiver

2 mandariner, skåret i skiver

2 æbler, skåret i skiver

1 kokos, revet og ristet

10-12 valnødder, knuste

Metode

Tag en mellemstor skål og bland kokosmælken, appelsinskal med vaniljeessens. Når det er godt pisket, tilsættes den skivede mandarin sammen med de skårne æbler og vindruer. Efter at have blandet alle ingredienserne godt sammen, stil den på køl i en time eller to, inden du serverer den lækre salat. Når salaten er afkølet serveres salaten med en sandwich eller burgere.

God fornøjelse!!

Kvartal salat

ingredienser

En kop mayonnaise

En kop blåskimmelost

1/2 kop kærnemælk

en skalotteløg

Citronskal

Worcestershire sauce

Friske persilleblade

Isbjerg-kiler

1 hårdkogt æg

1 kop bacon, smuldret

Salt og peber efter smag

Metode

Mayonnaisen med blå ost, kærnemælk, skalotteløg, sauce, citronskal og persille skal pureres. Efter at have lavet mosen, krydr den efter smag og tilsæt eventuelt salt og peber efter smag. Tag nu en anden skål og smid iceberg-kilerne i skålen med djævelægget, så djævelægget pletter de hårdkogte æg gennem dørslaget. Hæld nu den mosede mayo over skålen med kiler og mimosa, og bland det godt. Salaten serveres ved at smøre den friske bacon på.

God fornøjelse!!

Spansk chilisalat

ingredienser

3 grønne løg

4-5 oliven

2 peberfrugter

2 spsk. Sherryeddike

1 hoved paprika, røget

1 romersk hoved

1 håndfuld mandler

Et fed hvidløg

Skiver brød

Metode

Grønne løg skal grilles og derefter skæres i stykker. Tag nu en anden skål og bland chilipeber og oliven i med mandler, røget paprika, eddike, romaine og grillede og hakkede grønne løg. Bland ingredienserne i skålen godt og stil til side. Nu skal brødskiverne ristes og når de er ristede skal hvidløgsfeddene gnides over skiverne og derefter hældes chiliblandingen over de ristede boller.

God fornøjelse!!

mimosasalat

ingredienser

2 æg, hårdkogte

½ kop smør

1 hoved salat

Eddiken

Olivenolie

Krydderurter, hakkede

Metode

Tag en mellemstor skål og bland salat, smør med eddike, olivenolie og hakkede krydderurter. Efter grundigt at have blandet ingredienserne i skålen, stil skålen til side i et stykke tid. I mellemtiden skal mimosaen tilberedes. For at tilberede mimosaen skal de hårdkogte æg først pilles og derefter ved hjælp af en si filtreres de hårdkogte æg og dermed er mimosaægget klar. Nu skal dette mimosaæg hældes over skålen med salat, inden den lækre mimosasalat serveres.

God fornøjelse!!

Klassisk Waldorf

ingredienser

1/2 kop mayonnaise

2-3 spsk. Creme fraiche

2 purløg

2-3 spsk. Persille

1 citronskal og saft

Sukker

2 æbler, hakkede

1 stilk selleri, hakket

Nød

Metode

Tag en skål derefter mayonnaisen, cremefraiche piskes med purløg, citronskal og -saft, persille, peber og sukker. Når ingredienserne i skålen er godt blandet, sættes det til side. Tag nu en anden skål og bland æbler, hakket selleri og valnødder deri. Tag nu mayoblandingen og bland den med æbler og selleri. Bland alle ingredienserne godt sammen, lad skålen stå lidt, og server derefter salaten.

God fornøjelse!!

Sortøjet ærtesalat

ingredienser

Limesaft

1 hvidløg, hakket

1 C. Spidskommen, malet

Salt

Koriander

Olivenolie

1 kop sortøjede ærter

1 Jalapeno, hakket eller moset

2 tomater, i tern

2 rødløg, finthakket

2 advokater

Metode

Limesaft piskes med hvidløg, spidskommen, koriander, salt og olivenolie. Når alle disse ingredienser er godt blandet, smid denne blanding med de knuste jalapenos, sortøjede ærter, avocadoer og finthakkede rødløg. Når alle ingredienserne er godt blandet, lad salaten hvile et par minutter, og server derefter.

God fornøjelse!!

Spinat og brombærsalat

ingredienser

3 kopper babyspinat, vasket og drænet for vand

1 pint friske brombær

1 pint cherrytomater

1 hakket grønt løg

¼ kop finthakkede valnødder

6 ounce smuldret fetaost

½ kop spiselige blomster

Bacondressing eller balsamico efter eget valg

Metode

Kombiner babyspinat, brombær, cherrytomater, grønne løg, valnødder, bland dem sammen. Tilsæt osten og bland igen. Denne salat smager fantastisk; med eller uden påklædning. Hvis du vil tilføje en dressing, så brug en bacondressing eller en stor mængde balsamico efter eget valg. Inden servering, pynt med enhver spiselig blomst, du kan lide.

God fornøjelse!

Grøntsagssalat med schweizerost

ingredienser

1 kop grønne løg, skåret i skiver

1 kop selleri, skåret i skiver

1 kop grøn peber

1 kop chili fyldte oliven

6 kopper revet salat

1/3 kop vegetabilsk olie

2 kopper revet schweizerost

2 spsk. Rødvinseddike

1 spsk. Dijon sennep

Salt og peber efter smag

Metode

Kom oliven, løg, selleri og grøn peber i en salatskål og bland godt. Bland olie, sennep og eddike i en lille skål. Smag dressingen til med salt og peber. Drys dressing over grøntsagerne. Stil på køl natten over eller flere timer. Før servering beklædes tallerkenen med salatblade. Bland osten med grøntsagerne. Læg salaten på salaten. Top den med revet ost. Server straks.

God fornøjelse!

Lækker gulerodssalat

ingredienser

2 pund gulerødder, skrællet og skåret i tynde diagonale skiver

½ kop mandelflager

1/3 kop tørrede tranebær

2 kopper rucola

2 hakkede fed hvidløg

1 pakke smuldret dansk blåskimmelost

1 spsk. Cider eddike

¼ kop ekstra jomfru olivenolie

1 C. Min kære

1 til 2 knivspidser friskkværnet sort peber

Salt efter smag

Metode

Kom gulerødder, hvidløg og mandler i en skål. Tilsæt lidt olivenolie og bland godt. Tilsæt salt og peber efter smag. Overfør blandingen til en bageplade og bag i den forvarmede ovn i 30 minutter ved 400 grader F eller 200 grader C. Fjern når kanten bruner og lad afkøle. Overfør gulerodsblandingen til en skål. Tilsæt honning, eddike, tranebær og ost og bland godt. Kom rucolaen i og server med det samme.

God fornøjelse!

Marineret grøntsagssalat

ingredienser

1 dåse grønne ærter, drænet

1 dåse grønne bønner i fransk stil, drænet

1 dåse hvide majs eller omsætning, drænet

1 mellemstor løg, skåret i tynde skiver

¾ kop finthakket selleri

2 spsk. Hakket peberfrugt

½ kop hvidvinseddike

½ kop vegetabilsk olie

¾ kop sukker

½ tsk. Peber ½ tsk. Salt

Metode

Tag en stor skål og bland ærter, majs og bønner. Tilsæt selleri, løg og peberfrugt og rør blandingen godt. Tag en gryde. Tilsæt alle de resterende ingredienser og kog over svag varme. Rør løbende, indtil sukkeret er opløst.

Hæld saucen over grøntsagsblandingen. Dæk skålen med låg og stil på køl natten over. Du kan opbevare den i flere dage i køleskabet. Server som frisk.

God fornøjelse!

Ristet farvet majssalat

ingredienser

8 Friske majs i bælg 1 rød peberfrugt i tern

1 grøn peberfrugt i tern

1 rødløg, hakket

1 kop hakket frisk koriander

½ kop olivenolie

4 fed hvidløg knust og derefter hakket

3 limefrugter

1 C. hvidt sukker

Salt og peber efter smag

1 spsk. stærk sovs

Metode

Tag en stor gryde og læg majsen deri. Hæld vand og læg majsen i blød i 15 minutter. Fjern silkene fra majsskallene og stil dem til side. Tag en grill og forvarm den til høj. Læg majsene på grillen og kog i 20 minutter. Vend dem fra tid til anden. Lad afkøle og kassér skallerne. Tag en blender og hæld olivenolie, limesaft, varm sauce i og rør rundt. Tilsæt koriander, hvidløg, sukker, salt og peber. Blend til en jævn blanding. Drys majsen. Server straks.

God fornøjelse!

Cremet agurk

ingredienser

3 agurker, skrællet og skåret i tynde skiver

1 løg, skåret i skiver

2 kopper vand

¾ kop kraftig piskefløde

¼ kop cidereddike

Frisk hakket persille, valgfrit

¼ kop) sukker

½ tsk. Salt

Metode

Tilsæt vand og salt agurk og løg, læg i blød i mindst 1 time. Dræn overskydende vand. Bland fløde og eddike i en skål til det er glat. Tilsæt syltede agurker og løg. Bland godt til ensartet pels. Stil på køl i et par timer. Inden servering drysses med persille.

God fornøjelse!

Marineret champignon- og tomatsalat

ingredienser

12 ounce cherrytomater, halveret

1 pakke friske svampe

2 hakkede grønne løg

¼ kop balsamicoeddike

1/3 kop vegetabilsk olie

1½ tsk. hvidt sukker

½ tsk. Kværnet sort peber

½ tsk. Salt

½ kop hakket frisk basilikum

Metode

I en skål piskes balsamicoeddike, olie, peber, salt og sukker til en homogen blanding. Tag en anden stor skål og bland tomater, løg, svampe og basilikum sammen. Bland godt. Tilsæt dressingen og fordel grøntsagerne jævnt. Dæk skålen til og stil den på køl i 3 til 5 timer. Server som frisk.

God fornøjelse!

Bønnesalat

ingredienser

1 dåse røde kidneybønner, vasket og drænet

1 dåse kikærter eller garbanzobønner, vasket og drænet

1 dåse grønne bønner

1 dåse voksagtige bønner, drænet

¼ kop Julienne grøn peber

8 grønne løg, skåret i skiver

½ kop cidereddike

¼ kop rapsolie

¾ kop sukker

½ tsk. Salt

Metode

Bland bønnerne sammen i en stor skål. Tilføj grøn peber og løg til bønner. I en dækket krukke piskes cidereddike, sukker, olie og salt sammen til en glat vinaigrette. Lad sukkeret opløses helt i dressingen. Hæld bønneblandingen over og bland godt. Dæk blandingen til og stil på køl natten over.

God fornøjelse!

Hvidløgsroesalat

ingredienser

6 kogte rødbeder, skrællet og skåret i skiver

3 spsk. Olivenolie

2 spsk. Rødvinseddike

2 fed hvidløg

Salt efter smag

Skiver af grønne løg, nogle til pynt

Metode

Kom alle ingredienser i en skål og bland godt. Server straks.

God fornøjelse!

Syltede majs

ingredienser

1 kop frosne majs

2 grønne løg, skåret i tynde skiver

1 spsk. Hakket grøn peber

1 blad salat, valgfrit

¼ kop mayonnaise

2 spsk. Citronsaft

vs. Malet sennep

vs. Sukker

1 til 2 knivspidser friskkværnet peber

Metode

Bland mayonnaise med citronsaft, sennepspulver og sukker i en stor skål. Pisk det godt sammen til det er glat. Tilføj majs, grøn peber, løg til mayonnaise. Smag blandingen til med salt og peber. Dæk til og stil i køleskabet natten over eller mindst 4-5 timer. Før servering beklædes tallerkenen med salat og salaten lægges herpå.

God fornøjelse!

Ærtesalat

ingredienser

8 skiver bacon

1 pakke frosne ærter, optøet og afdryppet

½ kop hakket selleri

½ kop hakkede grønne løg

2/3 kop creme fraiche

1 kop hakkede cashewnødder

Salt og peber efter smag

Metode

Kom baconen i en stor gryde og steg over medium til medium høj varme, indtil begge sider er brunet. Dræn den ekstra olie med et køkkenrulle og smuldr baconen. Hold det til side. Kombiner selleri, ærter, grønne løg og creme fraiche i en medium skål. Bland godt med en blid hånd. Tilsæt cashewnødder og bacon til salaten lige inden servering. Server straks.

God fornøjelse!

majroe salat

ingredienser

¼ kop sød rød peber, hakket

4 kopper revet pillede majroer

¼ kop grønne løg

¼ kop mayonnaise

1 spsk. Eddiken

2 spsk. Sukker

vs. Peber

vs. Salt

Metode

Tag en skål. Kombiner rød peber, løg og bland. Tag en anden skål til at forberede dressingen. Bland mayonnaise, eddike, sukker, salt og peber og pisk godt. Hæld blandingen over grøntsagerne og bland godt. Tag majroerne i en skål tilsæt denne blanding til majroerne og bland godt. Stil grøntsagerne på køl natten over eller i flere timer. Mere marinade vil inkorporere mere smag. Server som frisk.

God fornøjelse!

Æble og avocado salat

ingredienser

1 bundt unge skud

¼ kop rødløg, hakket

½ kop hakkede valnødder

1/3 kop smuldret blåskimmelost

2 spsk. Citronskal

1 æble, skrællet, udkeret og skåret i skiver

1 avocado, skrællet, udstenet og skåret i tern

4 mandariner, presset

½ citron, presset

1 hakket fed hvidløg

2 spsk. Olivenolie Salt efter smag

Metode

Kom spirer, valnødder, rødløg, blåskimmelost og citronskal i en skål. Bland blandingen godt. Pisk mandarinsaft, citronskal, citronsaft, hakket hvidløg, olivenolie kraftigt. Smag blandingen til med salt. Hæld salaten over og rør rundt. Kom æble og avocado i skålen og vend rundt lige inden servering af salaten.

God fornøjelse!

Majssalat, bønner, løg

ingredienser

1 dåse fuldkornsmajs, vasket og drænet

1 dåse vaskede og drænede ærter

1 dåse grønne bønner, drænet

1 krukke Pimientos, drænet

1 kop finthakket selleri

1 løg, finthakket

1 grøn peberfrugt, finthakket

1 kop sukker

½ kop cidereddike

½ kop rapsolie

1 C. Salt

½ tsk. Peber

Metode

Tag en stor salatskål og bland løg, grøn peber, selleri sammen. Hold det til side. Tag en gryde og hæld eddike, olie, sukker, salt og peber og bring det i kog. Fjern fra varmen og lad blandingen køle af. Dryp over grøntsagerne og vend godt rundt, så grøntsagerne bliver jævnt. Stil på køl i flere timer eller natten over. Serveres afkølet.

God fornøjelse!

Italiensk grøntsagssalat

ingredienser

1 dåse artiskokhjerter, drænet og delt i kvarte

5 kopper romainesalat, skyllet, tørret og hakket

1 rød peberfrugt, skåret i strimler

1 gulerod 1 rødløg, skåret i tynde skiver

¼ kop sorte oliven

¼ kop grønne oliven

½ agurk

2 spsk. Revet romano ost

1 C. Frisk hakket timian

½ kop rapsolie

1/3 kop estragoneddike

1 spsk. hvidt sukker

½ tsk. Tør sennep

2 hakkede fed hvidløg

Metode

Tag en medium beholder med et lufttæt låg. Hæld rapsolie, eddike, tør sennep, sukker, timian og hvidløg i. Dæk beholderen og pisk kraftigt til en jævn blanding. Kom blandingen over i en skål og kom artiskokhjerterne heri. Stil på køl og mariner natten over. Tag en stor skål og bland salat, gulerod, rød peber, rødløg, oliven, agurk og ost sammen. Bland forsigtigt. Tilsæt salt og peber for at smage til. Bland det med artiskokkerne. Lad det marinere i fire timer. Server som frisk.

God fornøjelse!

Fisk og skaldyr pasta salat

ingredienser

1 pakke tricolor pasta

3 stilke selleri

1 pund imiteret krabbekød

1 kop frosne grønne ærter

1 kop mayonnaise

½ spsk. hvidt sukker

2 spsk. Hvid eddike

3 spsk. mælk

1 C. salt

vs. kværnet sort peber

Metode

Kog en stor gryde med saltet vand, tilsæt pastaen og kog i 10 minutter. Når pastaen koger tilsættes de grønne ærter og krabbekødet. I en stor skål kombineres de øvrige nævnte ingredienser og sættes til side i nogen tid.

Kombiner ærter, krabbekød og pasta. Server straks.

God fornøjelse!

Grillet grøntsagssalat

ingredienser

1 pund friske asparges, trimmet

2 zucchini, halveret på langs og afpudset enderne

2 gule squash

1 stort rødløg i skiver

2 røde peberfrugter, halveret og kernet.

½ kop ekstra jomfru olivenolie

¼ kop rødvinseddike

1 spsk. Dijon sennep

1 hakket fed hvidløg

Salt og kværnet sort peber efter smag

Metode

Varm og grill grøntsagerne i 15 minutter, fjern derefter grøntsagerne fra grillen og skær dem i små stykker. Tilsæt de øvrige ingredienser og vend salaten sammen, så alle krydderierne er godt blandet. Server straks.

God fornøjelse!

Lækker sommermajssalat

ingredienser

6 majskolber, afskallede og fuldstændig rensede

3 store knuste tomater

1 stort hakket løg

¼ kop hakket frisk basilikum

¼ kop olivenolie

2 spsk. Hvid eddike

Salt og peber

Metode

Tag en stor gryde, kom vand og salt og kog det op. Kog majsen i dette kogende vand, og tilsæt derefter alle de anførte ingredienser. Bland blandingen godt og stil på køl. Server som frisk.

God fornøjelse!!

Salat af sprøde ærter med karamel

ingredienser

8 skiver bacon

1 pakke frosne tørrede grønne ærter

½ kop hakket selleri

½ kop hakkede grønne løg

2/3 kop creme fraiche

1 kop hakkede cashewnødder

Salt og peber efter din smag

Metode

Steg baconen i en stegepande ved middel varme, indtil den er brunet. Bland de øvrige ingredienser undtagen cashewnødder i en skål. Til sidst tilsættes bacon og cashewnødder til blandingen. Bland godt og server straks.

God fornøjelse!

Magisk salat med sorte bønner

ingredienser

1 dåse sorte bønner, skyllet og afdryppet

2 dåser tørrede majskerner

8 hakkede grønne løg

2 jalapenopeberfrugter, frøet og hakket

1 hakket grøn peber

1 avocado skrællet, udstenet og skåret i tern.

1 krukke peberfrugt

3 tomater, udsået og hakket

1 kop hakket frisk koriander

1 limesaft

½ kop italiensk dressing

½ tsk. hvidløgssalt

Metode

Tag en stor skål og kom alle ingredienserne i den. Bland godt, så de blandes godt. Server straks.

God fornøjelse!

Lækker græsk salat

ingredienser

3 store modne tomater, hakket

2 skrællede og hakkede agurker

1 lille rødløg hakket

¼ kop olivenolie

4 spsk. citronsaft

½ tsk. tørret oregano

Salt og peber efter smag

1 kop smuldret fetaost

6 græske sorte oliven, udstenede og skåret i skiver

Metode

Tag en mellemstor skål og bland tomater, agurk og løg meget godt og lad blandingen stå i fem minutter. Drys olie, citronsaft, oregano, salt, peber, fetaost og oliven over blandingen. Bland og server med det samme.

God fornøjelse!!

Fantastisk thailandsk agurkesalat

ingredienser

3 store skrællede agurker, som skal skæres i ¼ tomme skiver og frø fjernes

1 spsk. salt

½ kop hvidt sukker

½ kop risvinseddike

2 hakkede jalapenopeberfrugter

¼ kop hakket koriander

½ kop hakkede jordnødder

Metode

Bland alle ingredienser i en stor røreskål og bland godt. Smag til og server afkølet.

God fornøjelse!

Proteinrig basilikum tomatsalat

ingredienser

4 store modne tomater, skåret i skiver

1 pund skåret frisk mozzarellaost

1/3 kop frisk basilikum

3 spsk. ekstra jomfru oliven olie

Fint havsalt

Friskkværnet sort peber

Metode

Skift og overlap skiverne af tomater og mozzarella på en tallerken. Kom til sidst lidt olivenolie, fint havsalt og peber på. Serveres afkølet, pyntet med basilikumblade.

God fornøjelse!

Hurtig agurke avocado salat

ingredienser

2 mellemstore agurker i tern

2 avocado tern

4 spsk. hakket frisk koriander

1 hakket fed hvidløg

2 spsk. hakket grønt løg

vs. salt

Sort peber

¼ stor citron

1 lime

Metode

Tag agurker, avocado og koriander bland dem godt. Til sidst tilsættes peber, citron, lime, løg og hvidløg. Bland det godt. Server straks.

God fornøjelse!

Orzo og mundrette tomatsalat med fetaost

ingredienser

1 kop ukogt orzo pasta

¼ kop udstenede grønne oliven

1 kop fetaost i tern

3 spsk. Hakket frisk Presley

1 hakket moden tomat

¼ kop jomfruolivenolie

¼ kop citronsaft

Salt og peber

Metode

Kog orzoen efter producentens anvisninger. Tag en skål og bland orzo, oliven, persille, dild og tomat rigtig godt. Kom til sidst salt, peber og tilsæt fetaen ovenpå. Server straks.

God fornøjelse!

Engelsk agurk- og tomatsalat

ingredienser

8 roma- eller blommetomater

1 engelsk agurk, skrællet og skåret i tern

1 kop jicama, skrællet og finthakket

1 lille gul peberfrugt

½ kop rødløg, i tern

3 spsk. Citronsaft

3 spsk. ekstra jomfru oliven olie

1 spsk. Tørret persille

1-2 knivspids peber

Metode

Kom tomater, peberfrugt, agurk, jicama og rødløg i en skål. Bland godt.

Hæld olivenolie, citronsaft over og dæk blandingen. Drys med persille og bland. Smag den til med salt og peber. Server straks eller afkølet.

God fornøjelse!

Bedstemors aubergine salat

ingredienser

1 Aubergine

4 tomater, i tern

3 æg, hårdkogte, i tern

1 løg, finthakket

½ kop fransk dressing

½ tsk. Peber

Salt, til krydderier, valgfrit

Metode

Vask auberginen og halver den på langs. Tag en bradepande og smør den med olivenolie. Anret auberginerne med snitsiden nedad i det smurte gratinfad. Bages i 30-40 minutter ved 350 grader F. Tag ud og lad afkøle.

Skræl auberginen. Skær dem i små tern. Tag en stor skål og overfør auberginerne til den. Tilsæt løg, tomater, æg, dressing, peber og salt. Bland godt. Frys i mindst 1 time i køleskabet og server.

God fornøjelse!

Gulerod, bacon og broccolisalat

ingredienser

2 hoveder frisk broccoli, hakket

½ pund bacon

1 bundt grønne løg, hakket

½ kop revet gulerødder

½ kop rosiner, valgfrit

1 kop mayonnaise

½ kop destilleret hvid eddike

1-2 knivspids peber

Salt efter smag

Metode

Steg bacon i en stor, dyb stegegryde ved medium-høj varme, indtil den er brunet. Dræn og smuldr. Kom broccoli, grønne løg, gulerødder og bacon i en stor skål. Tilsæt salt og peber. Bland godt. Tag en lille beholder eller skål og læg mayonnaise og eddike og pisk. Overfør dressingen til grøntsagsblandingen. Overtræk grøntsagerne med en blid hånd. Stil på køl i mindst 1 time og server.

God fornøjelse!

Agurk og tomatsalat med creme fraiche

ingredienser

3-4 agurker, skrællet og skåret i skiver

2 salatblade, til pynt, evt

5-7 skiver tomater,

1 løg, skåret i tynde ringe

1 spsk. Hakket purløg

½ kop creme fraiche

2 spsk. Hvid eddike

½ tsk. Dild frø

vs. Peber

knivspids sukker

1 C. Salt

Metode

Læg agurkeskiverne i en skål og drys med salt. Lad det marinere i 3-4 timer i køleskabet. Tag agurken ud og vask den. Dræn al væsken og kom over i en stor salatskål. Tilsæt løget og sæt til side. Tag en lille skål og bland eddike, cremefraiche, purløg, dildfrø, peber og sukker i. Pisk blandingen og hæld den over agurkeblandingen. Bland forsigtigt. Arranger tallerkenen pænt med salat og tomat. Server straks.

God fornøjelse!

Tomat tortellini salat

ingredienser

1 pund regnbue tortellini pasta

3 blommetomater, halveret

3 ounces hård salami, i tern

2/3 kop skåret selleri

¼ kop skiver sorte oliven

½ kop rød peberfrugt

1 spsk. Rødløg, i tern

1 spsk. tomatpuré

1 hakket fed hvidløg

3 spsk. Rødvinseddike

3 spsk. Balsamicoeddike

2 spsk. Dijon sennep

1 C. Min kære

1/3 kop olivenolie

1/3 kop vegetabilsk olie

¾ kop revet provolone ost

¼ kop hakket frisk persille

1 C. Hakket frisk rosmarin

1 spsk. Citronsaft

Peber og salt efter smag

Metode

Kog pastaen efter anvisningen på pakken. Hæld koldt vand og afdryp. Hold det til side. Brug en slagtekylling til at grille tomaterne, indtil skindet bliver delvist sort. Kom nu tomaten i blenderen. Tilsæt tomatpure, eddike, hvidløg, honning og sennep og bland igen. Tilsæt gradvist olivenolie og vegetabilsk olie og bland indtil glat. Tilsæt salt og peber. Bland pastaen med alle grøntsager, krydderurter, salami og citronsaft i en skål. Hæld vinaigretten i og bland godt. Tjene.

God fornøjelse!

Broccoli og bacon i mayonnaise vinaigrette

ingredienser

1 bundt broccoli, skåret i buketter

½ lille rødløg, finthakket

1 kop revet mozzarellaost

8 skiver bacon, kogt og smuldret

½ kop mayonnaise

1 spsk. hvidvinseddike

¼ kop) sukker

Metode

Kom broccoli, kogt bacon, løg og ost i en stor skål. Bland med en blid hånd.

Dæk til og sæt til side. Kom mayonnaise, eddike og sukker i en lille beholder.

Pisk konstant indtil sukkeret smelter og danner en jævn blanding. Hæld dressingen over broccoliblandingen og fordel den jævnt. Server straks.

God fornøjelse!

Kyllingesalat med agurkecreme

ingredienser

2 dåser kyllingestykker, drænet for saften

1 kop grønne druer uden kerner, halveret

½ kop hakkede pekannødder eller mandler

½ kop hakket selleri

1 dåse mandarin appelsiner, drænet

¾ kop cremet agurkevinaigrette

Metode

Tag en stor dyb salatskål. Overfør kylling, selleri, druer, appelsiner og pekannødder eller mandler efter ønske. Bland forsigtigt. Tilsæt agurkevinaigretten. Vend kylling og grøntsagsblandingen jævnt med den cremede dressing. Server straks.

God fornøjelse!

Grøntsager med peberrodsvinaigrette

ingredienser

¾ kop blomkålsbuketter

agurke kop

¼ kop hakkede tomater med frø

2 spsk. Skivede radiser

1 spsk. Skåret grønne løg

2 spsk. Selleri i tern

¼ kop amerikansk ost, i tern

At træne:

2 spsk. Mayonnaise

1-2 spsk. Sukker

1 spsk. tilberedt peberrod

1/8 tsk Peber

vs. Salt

Metode

Kom blomkål, agurk, tomat, selleri, radise, grønt løg og ost i en stor skål.

Hold det til side. Tag en lille skål. Bland mayonnaise, sukker, peberrod, indtil sukkeret smelter og danner en jævn blanding. Hæld dressingen over grøntsagerne og bland godt. Stil på køl i 1-2 timer. Server som frisk.

God fornøjelse!

Søde ærter og pastasalat

ingredienser

1 kop makaroni

2 kopper frosne grønne ærter

3 æg

3 grønne løg, hakket

2 selleristængler, hakket

¼ kop ranchdressing

1 C. hvidt sukker

2 spsk. hvidvinseddike

2 søde pickles

1 kop revet cheddarost

¼ friskkværnet sort peber

Metode

Kog pastaen i kogende vand. Tilsæt en knivspids salt til det. Når du er færdig, skyl den med koldt vand og dræn den af. Tag en gryde og fyld den med koldt vand. Tilsæt æggene og bring det i kog. Fjern fra varmen og dæk. Lad æggene sidde i lunkent vand i 10-15 minutter. Tag æggene op af det lunkne vand og lad det køle af. Skræl skindet og hak det. Tag en lille skål og kom dressingen, eddike og sukker sammen. Pisk godt og smag til med salt og friskkværnet sort peber. Bland pasta, æg, grøntsager og ost. Hæld dressingen og bland. Server som frisk.

God fornøjelse!

Farverig pebersalat

ingredienser

1 grøn peberfrugt, finthakket

1 sød gul peberfrugt, finthakket

1 sød rød peberfrugt, finthakket

1 lilla peberfrugt, finthakket

1 rødløg, finthakket

1/3 kop eddike

¼ kop rapsolie

1 spsk. Sukker

1 spsk. Hakket frisk basilikum

vs. Salt

Knip peber

Metode

Tag en stor skål og kom alle peberfrugterne sammen og rør godt. Tilsæt løget og bland igen. Tag en anden skål og kom resten af ingredienserne sammen og pisk blandingen kraftigt. Hæld dressingen over blandingen af peberfrugt og løg. Bland godt for at dække grøntsagerne. Dæk blandingen til og sæt den i køleskabet natten over. Server som frisk.

God fornøjelse!

Kyllingesalat, tørrede tomater og pinjekerner med ost

ingredienser

1 brød italiensk brød, skåret i tern

8 grillede kyllingestrimler

½ kop pinjekerner

1 kop soltørrede tomater

4 grønne løg skåret i 1/2 tomme stykker

2 pakker blandet grøn salat

3 spsk. ekstra jomfru oliven olie

½ tsk. Salt

½ tsk. friskkværnet sort peber

1 C. hvidløgs pulver

8 ounce fetaost, smuldret

1 kop balsamico vinaigrette

Metode

Bland italiensk brød og olivenolie. Smag den til med salt, hvidløgspulver og salt. Hæld blandingen i et enkelt lag i den smurte 9x13-tommer bageform. Læg den i den forvarmede grill og grill, indtil den bliver brun og forkullet. Tag den ud og lad den køle af. Beklæd pinjekernerne på en bageplade og læg dem i den nederste rille i slagtekyllingeovnen og rist dem grundigt. Tag varmt vand i en lille skål og læg de soltørrede tomater i blød, indtil de er møre. Skær tomaterne i skiver. I en salatskål kombineres alle de grønne grøntsager; tilsæt tomater, pinjekerner, croutoner, grillet kylling, dressing og ost. Bland godt. Tjene.

God fornøjelse!

Mozzarella og tomatsalat

ingredienser

¼ kop rødvinseddike

1 hakket fed hvidløg

2/3 kop olivenolie

1 pint cherrytomater, halveret

1 ½ kop skummet mozzarellaost i tern

¼ kop hakket løg

3 spsk. Hakket frisk basilikum

Peber efter smag

½ tsk. Salt

Metode

Tag en lille skål. Tilsæt eddike, hakket hvidløg, salt og peber og rør, indtil saltet er opløst. Tilsæt olien og pisk blandingen, til den er jævn. Tilsæt tomater, ost, løg, basilikum i en stor skål og bland med en delikat hånd.

Tilsæt dressingen og bland godt. Dæk skålen til og sæt den i køleskabet i 1 til 2 timer. Rør af og til. Server som frisk.

God fornøjelse!

Krydret zucchinisalat

ingredienser

1½ spsk. sesamfrø

¼ kop hønsebouillon

3 spsk. misopasta

2 spsk. Soya-sovs

1 spsk. riseddike

1 spsk. Limesaft

½ tsk. thai chilisauce

2 spsk. brunt sukker

½ kop hakkede grønne løg

¼ kop hakket koriander

6 zucchini, revet

2 plader Nori, skåret i tynde skiver

2 spsk. Flagede mandler

Metode

Kom sesamfrøene i en gryde og stil dem over medium varme. Kog 5 minutter. Rør løbende. Grill den let. Kom kyllingebouillon, sojasauce, misopasta, riseddike, limesaft, brun farin, chilisauce, spidskål og koriander i en skål og pisk. I en stor salatskål, smid zucchini og dressing til ensartet pels. Pynt zucchinien med ristede sesamfrø, mandler og nori. Server straks.

God fornøjelse!

Tomat og asparges salat

ingredienser

1 pund friske asparges, skåret i 1-tommers stykker

4 tomater i kvarte

3 kopper friske svampe, skåret i skiver

1 grøn peberfrugt, finthakket

¼ kop vegetabilsk olie

2 spsk. Cider eddike

1 hakket fed hvidløg

1 C. Tørret estragon

vs. Stærk sovs

vs. Salt

vs. Peber

Metode

I en gryde, tag en lille mængde vand og kog aspargesene i den, indtil de er sprøde og møre, cirka 4 til 5 minutter. Dræn og hold til side. I en stor salatskål blandes svampene med tomaterne og den grønne peber. Bland de øvrige resterende ingredienser i en anden skål. Vend grøntsagsblandingen med dressingen. Bland godt, dæk til og opbevar i køleskabet i 2 til 3 timer.

Tjene.

God fornøjelse!

Agurkesalat med mynte, løg og tomater

ingredienser

2 agurker, halveret på langs, udsået og skåret i skiver

2/3 kopper grofthakket rødløg

3 tomater, kerne og groft hakkede

½ kop hakkede friske mynteblade

1/3 kop rødvinseddike

1 spsk. kaloriefri granuleret sødestof

1 C. Salt

3 spsk. Olivenolie

En knivspids peber

Salt efter smag

Metode

Kombiner agurker, granuleret sødemiddel, eddike og salt i en stor skål. Lad det trække. Den skal stå ved stuetemperatur i mindst 1 time for at marinere. Rør af og til i blandingen. Kom tomater, løg, hakket frisk mynte i det. Bland godt. Tilsæt olien til agurkeblandingen. Kast til jævn pels. Tilsæt salt og peber efter smag. Server som frisk.

God fornøjelse!

Adas Salatas

(tyrkisk linsesalat)

Ingredienser:

2 kopper linser, rensede

4 kopper vand

¼ kop olivenolie

1 løg, skåret i skiver

2-3 fed hvidløg, skåret i skiver

2 spsk. Spidskommen pulver

1-2 citroner, kun juice

1 bundt persille, skåret i skiver

Salt og boost efter smag

2 tomater i kvarte (valgfrit)

2 æg, hårdkogte og i kvarte (valgfrit)

Sorte oliven, valgfri

¼ kop mejeri Feta, valgfri, smuldret eller skåret i skiver

Metode

Kom bønner og vand i en stor gryde og bring det i kog ved middelhøj varme. Sænk varmen, fastgør og gør klar til den er klar. Må ikke overkoges. Dræn og vask i koldt vand. Varm olivenolien op i en sauterpande ved middel varme. Tilsæt rødløg og sauter indtil det er klart. Tilsæt hvidløgsfed og spidskommen og svits yderligere 1 eller 2 minutter. Læg bønnerne i et stort fad og tilsæt rødløg, tomater og æg. Rør citronsaft, persille, boost og salt i. Serveres afkølet toppet med ost.

God fornøjelse!

Ajvar

Ingredienser:

3 mellemstore auberginer, halveret på langs

6-8 røde peberfrugter

½ kop olivenolie

3 spsk. Frisk, ren eddike eller appelsinjuice

2-3 fed hvidløg, skåret i skiver

Salt og boost efter smag

Metode

Forvarm ovnen til 475 grader F. Placer aubergine med snitsiden nedad på en omhyggeligt olieret bageplade og bag indtil stilarterne er forkullede og aubergine er sat, cirka 20 minutter. Tag dem op i et stort fad og dæk til damp i et par minutter. Læg peberfrugter på bageplade og bag, vend, indtil skindet er forkullet og peberfrugterne er møre, ca. 20 minutter mere. Tag over i et andet fad og dæk til damp i et par minutter. Når de rene grøntsager er afkølet, fjern frugtkødet fra auberginen i et stort fad eller blender, og kasser resten af delene. Skær peberfrugterne og tilsæt dem til auberginerne. Brug en kartoffelmoser til at mos auberginerne og peberfrugterne, indtil de er glatte, men stadig en smule groft. Hvis du bruger en mixer, slå kombinationen til den ønskede struktur i stedet.

God fornøjelse!

Bakdoonsiyyeh

Ingredienser:

2 bundter italiensk persille, skåret i skiver

¾ kop tahin

¼ kop citronsaft

Salt efter smag

Vandet

Metode

Pisk tahin, frisk fyldt appelsinjuice og salt sammen i en røreskål, indtil det er glat. Tilsæt en spsk. eller to vand efter behov for at lave en tæt dressing. Krydr som ønsket. Tilsæt den skivede persille og bland. Server straks.

God fornøjelse!

Årsag Rellena

Ingredienser:

2 pund gyldengul selleri fra Yukon

½ kop olie

¼ kop frisk, ren lime- eller appelsinjuice

2-3 chile amarillos, valgfrit

Salt og boost efter smag

2 kopper fyld

2-3 hårdkogte æg, skåret i skiver

6-8 udstenede sorte oliven

Metode:

Læg sellerien i en stor gryde med saltet vand. Bring det i kog og kog sellerien til den er mør og klar. Sæt til side. Før sellerien gennem en kartoffelmoser eller mos den med en kartoffelmoser, indtil den er glat. Bland olie, forøg (hvis nogen), mineralcalcium eller frisk fyldt appelsinjuice og salt efter smag.

Beklæd et lasagnefad. Fordel 50 % selleri i bunden af fadet og jævn. Fordel favoritfarsen på samme måde over sellerien. Fordel den resterende selleri på samme måde over farsen. Læg et tilbudsfad på hovedet oven på causafadet. Vend skålen og fadet med begge hænder, så kausaen falder ned på fadet. Pynt causaen med det hårdkogte æg og oliven og evt. krydderier.

Skær i sektioner og giv.

God fornøjelse!

Curtido

Ingredienser:

½ kålhoved

1 gulerod, skrællet og revet

1 kop bønner

4 kopper kogende vand

3 hakkede grønne løg

½ kop hvid æblecidereddike

½ kop vand

1 jalapeno eller serrano peber boost

½ tsk. Salt

Metode

Læg grøntsager og bønner i et stort varmefast fad. Tilsæt det sydende vand til fadet, så det dækker grøntsagerne og bønnerne, og lad det stå i cirka 5 minutter. Dræn i et dørslag, og pres så meget væske ud som muligt. Kom grøntsagerne og bønnerne tilbage i fadet og bland med resten af ingredienserne. Lad hvile i køleskabet et par timer. Server som frisk.

God fornøjelse!

Gado Gado

ingredienser

1 kop grønne bønner, kogt

2 gulerødder, skrællet og skåret i skiver

1 kop grønne bønner, skåret i 2-tommers mål, dampet

2 kartofler, skrællet, kogt og skåret i skiver

2 kopper romainesalat

1 Agurker, skrællet, skåret i skiver

2-3 tomater i kvarte

2-3 hårdkogte æg i kvarte

10-12 Krupuk, rejekiks

jordnøddesauce

Metode

Bland alle ingredienser undtagen romainesalat og bland godt. Anret salaten på en bund af romainesalat.

God fornøjelse!

Hobak Namul

ingredienser

3 Hobak eller mosede zucchini, skåret i halvmåner

2-3 fed hvidløg, hakket

1 C. Sukker

Salt

3 spsk. soja marinade

2 spsk. Ristet sesamolie

Metode

Bring en gryde med vand til at dampe over medium-høj varme. Tilsæt det knuste og kog i cirka 1 minut. Dræn og vask i koldt vand. Dræn igen. Bland alle ingredienserne og bland godt. Serveres varm med et udvalg af japansk tilbehør og en hovedret.

God fornøjelse!

Horiatiki Salata

ingredienser

3-4 tomater, udsået og hakket

1 agurk, skrællet, kernet og hakket

1 rødløg, skåret i skiver

½ kop Kalamata oliven

½ kop fetaost, hakket eller smuldret

½ kop olivenolie

¼ kop æblecidereddike

1-2 fed hvidløg, hakket

1 C. Oregano

Salt og krydderier efter smag

Metode

Kombiner friske grøntsager, oliven og mejeriprodukter i en stor ikke-reaktiv tallerken. I en anden tallerken blandes olivenolie, cidereddike, hvidløgsfed, oregano, smag til og salt. Hæld vinaigretten i tallerkenen med de friske grøntsager og vend. Lad det marinere i en halv time og server varmt.

God fornøjelse!

Kartoffelsalat

(tysk sød kartoffelsalat)

ingredienser

2 pund æbler

¾ kop varmt kød eller fjerkræ suppe

1 løg, hakket

1/3 kop olie

kop eddike

2 spsk. Brun eller dijonsennep

1 spsk. Sukker

Salt og krydderier efter smag

1-2 spsk. Purløg eller persille, hakket, valgfrit

Metode

Læg æblerne i en stor gryde og tilsæt nok vand til at dække dem med en tomme eller to. Sæt over medium-høj varme og bring i kog. Skru ned for varmen til lav, og fortsæt med at dampe, indtil æblerne er gennemstegte og en kniv let gennemborer dem. Filtrer og opbevar køligt. Skær æblerne i kvarte. Bland alle ingredienserne sammen og bland godt. Tilpas retten efter smag og server varm, ved 70 grader for den bedste smag.

God fornøjelse!

Kvashenaya Kapusta Provansal

ingredienser

2 pund surkål

1 æble, udkernet og hakket

1-2 gulerødder, skrællet og revet

4-6 grønne løg, hakket

1-2 spsk. Sukker

½ kop olivenolie

Metode

Tilsæt alle ingredienserne i en stor skål og bland godt. Tilpas krydderier efter smag og server afkølet.

God fornøjelse!

Waldorf kyllingesalat

Ingredienser:

Salt og peber

4,6 til 8 ounce udbenet, skindfri kyllingebryst, ikke mere end 1 tomme brede, tunge, trimmede

½ kop mayonnaise

2 spsk. citronsaft

1 C. Dijon sennep

½ tsk. malede fennikelfrø

2 ribbensselleri, hakket

1 skalotteløg, hakket

1 Granny Smith skrællet, udkernet, halveret og skåret i ¼ tomme stykker

1/2 kop valnødder, hakket

1 spsk. frisk estragon i skiver

1 C. hakket frisk timian

Metode

Opløs 2 spsk. salt i 6 kopper koldt vand i en gryde. Dyp fjerkræet i vandet. Varm panden over varmt vand op til 170 grader Celsius. Sluk for varmen og lad stå i 15 minutter. Læg fjerkræet tilbage på en tallerken beklædt med køkkenrulle. Stil det på køl, indtil fjerkræet er afkølet, cirka en halv time. Mens fjerkræet afkøles, kombineres mayonnaise, citronsaft, sennep, stødt fennikel og ¼ tsk. booster sammen på en stor tallerken. Tør fjerkræet med svampe og skær det i ½ tomme stykker. Kom fjerkræet tilbage på tallerkenen med mayonnaiseblandingen. Tilsæt havregryn, skalotteløg, æblejuice, valnødder, estragon og timian; bland for at blande. Smag til med boosten og tilsæt salt efter smag. Tjene.

God fornøjelse!

Linsesalat med oliven, fremragende og feta

Ingredienser:

1 kop bønner, plukket og skyllet

Salt og peber

6 kopper vand

2 kopper lavt natrium kyllingebouillon

5 fed hvidløg, knust let og pillet

1 laurbærblad

5 spsk. ekstra jomfru oliven olie

3 spsk. hvidvinseddike

½ kop Kalamata-oliven i grove skiver

½ kop frisk gode resultater, hakket

1 stor skalotteløg, hakket

¼ kop smuldret fetaost

Metode

Udblød bønnerne i 4 kopper varmt vand med 1 spsk. salt i det. Dræn godt af. I en gryde kombineres bønnerne, det resterende vand, bouillon, hvidløg, laurbærblade og salt, og kog indtil bønnerne er bløde. Dræn og kassér hvidløg og laurbærblade. I en skål blandes med resten af ingredienserne og blandes godt. Serveres pyntet med lidt fetaost.

God fornøjelse!

Thai grillet oksekød salat

Ingredienser:

1 C. paprika

1 C. chili krydderi peber

1 spsk. hvide ris

3 spsk. calcium mineraljuice, 2 limefrugter

2 spsk. fiskesovs

2 spsk. vandet

½ tsk. sukker

1,1 ½ pund flankemel, trimmet

Boost salt og hvid, groft malet

4 skalotteløg, skåret i tynde skiver

1 ½ kop frisk, revet fremragende resultater

1½ dl friske korianderblade

1 thai chili, stilket og skåret i tynde skiver

1 engelsk agurk uden frø, skåret 1/4 tomme bred på skrå

Metode

Grill sideretter ved høj varme, indtil de er møre. Hold til side for at hvile.

Skær i mundrette stykker. I en skål kombineres alle ingredienserne og blandes godt, indtil det er blandet. Server straks.

God fornøjelse!

Amerikansk salat

ingredienser

1 lille rødkål, hakket

1 stor gulerod, revet

1 æble, udkernet og hakket

Saft af, mindst 50% lime

25 hvide druer uden kerner, skåret i skiver

1/2 kop valnødder, hakket

3/4 kop rosiner, gyldne rosiner ser bedst ud, men jeg foretrækker almindelige rosiner for smagen

1/2 hvidløg, hakket

4 spsk. Mayonnaise

Metode

I den angivne rækkefølge skal du tilføje alle varerne til en stor tallerken.

Bland godt efter tilsætning af limesaft til alt indholdet.

God fornøjelse!